LES TITRES

DE LA

DYNASTIE IMPÉRIALE

LES TITRES

DE LA

DYNASTIE IMPÉRIALE

PAR

Édouard GUILLEMIN

Vox populi, vox Dei.

PARIS
LACHAUD ET BURDIN, ÉDITEURS
4, Place du Théâtre-Français, 4
—
1874

LES TITRES

DE LA

DYNASTIE NAPOLÉONIENNE

Vox populi vox Dei.

Étudions en quelques lignes les diverses manifestations de la volonté nationale qui, sous les deux Républiques et sous les deux Empires, ont fondé la dynastie napoléonienne. Il nous a semblé que de ce rapprochement, curieux pour l'histoire, il pouvait sortir un grand enseignement politique.

Le 18 Brumaire venait de sauver la France et la Révolution ; les institutions consulaires avaient remplacé le Directoire ; mais le nouveau gouvernement ne tenait ses pouvoirs que de la nécessité : pour se légitimer, il dut s'offrir à l'acceptation du peuple.

Les consuls provisoires présentèrent à la nation la Constitution du 22 frimaire an VIII. Un article de cette constitution proposait la nomination du général Bonaparte aux fonctions de premier consul pour dix ans.

Le pays fut consulté. Des registres, destinés à recueillir le vœu national, demeurèrent ouverts pendant trois jours aux secrétariats de toutes les administrations, aux greffes de tous les tribunaux, entre les mains des agents communaux, des juges de paix et des notaires.

Le recensement de l'an VIII donna les chiffres suivants :

Votants	Acceptants	Refusants
3,912,569	3,911,007	1,562

A la majorité de près de quatre millions de suffrages, le général Bonaparte était nommé pour dix ans Premier Consul.

On sait combien furent réparatrices et fécondes les premières années du Consulat.

Écoutons M. Thiers :

« Depuis quelque temps on se demandait
« si on ne donnerait pas un grand témoignage

« de gratitude nationale à l'homme qui, en
« deux années et demie, avait tiré la France
« du chaos et l'avait réconciliée avec l'Europe,
« avec elle-même et déjà presque complète-
« ment organisée. Ce sentiment de reconnais-
« sance était universel et mérité... Sauf un
« petit nombre de royalistes et de jacobins,
« personne n'aurait compris, personne n'aurait
« voulu que le pouvoir passât dans d'autres
« mains que celles du général Bonaparte. On
« regardait la continuation indéfinie de son
« autorité comme la chose la plus simple et la
« plus inévitable... En faisant le bien, il avait
« obéi à son génie; en le faisant, il en avait
« espéré le prix. Il n'y avait là rien de cou-
« pable, d'autant plus que, dans sa conviction
« et dans la vérité, pour achever ce bien, il
« fallait longtemps encore un chef tout-puis-
« sant.

« Le moment où tant d'actes mémorables
« venaient de se succéder coup sur coup était
« celui que le Premier Consul avait désigné et
« que le public était prêt à accepter pour une
« grande manifestation. Dans un pays qui ne
« pouvait se passer d'une autorité forte et

« créatrice, il était légitime de prétendre au
« pouvoir suprême, quand on était le plus
« grand homme de son siècle et l'un des plus
« grands hommes de l'humanité. Washington,
« au milieu d'une société démocratique, exclu-
« sivement commerciale et pour longtemps
« pacifique, Washington avait eu raison de
« montrer peu d'ambition. Dans une société
« républicaine par accident, monarchique par
« nature, entourée d'ennemis, dès lors mili-
« taire, ne pouvant se gouverner et se défen-
« dre sans unité d'action, le général Bona-
« parte avait raison d'aspirer au pouvoir
« suprême, n'importe sous quel titre. » (1)

Ce fut le Tribunat qui, le 6 mai 1802, à l'occasion de la présentation du traité d'Amiens, émit le vœu qu'il fût *accordé au Premier Consul un gage éclatant de la reconnaissance nationale.*

Le lendemain, le Sénat reçut le vœu du Tribunat et proposa de prolonger d'une nou-

---

(1) Thiers, *Histoire du Consulat et de l'Empire*, tome III, livre IV

velle période de dix ans les pouvoirs déjà décennaux du général Bonaparte.

Bonaparte déclina l'offre de cette assemblée. « Le suffrage du peuple, disait-il dans « son message, m'a investi de la suprême magistrature. Je ne me croirais pas assuré de sa confiance, si l'acte qui m'y retiendrait n'était pas sanctionné par son suffrage (1). »

Le 10 mai, un arrêté consulaire fut publié au *Moniteur*; il était ainsi conçu :

« Les Consuls de la République,

« Considérant que la résolution du Premier « Consul est un hommage rendu à la souverai- « neté du peuple, etc.

« Arrêtent :

« Le peuple français sera consulté sur cette « question :

« Napoléon Bonaparte sera-t-il consul à « vie? »

Le même mode de votation qu'en l'an VIII fut adopté.

---

(1) Message du premier consul au Sénat (19 floréal an X).

Écoutons encore M. Thiers :

« La population se présentait avec empresse-
« ment aux mairies, aux greffes des tribunaux,
« chez les notaires, pour donner une réponse
« affirmative à la question posée par le Conseil
« d'État. On évaluait à trois ou quatre mil-
« lions le nombre des votes qui allaient être
« donnés. C'est peu en apparence sur une po-
« pulation de trente-six millions d'âmes; c'est
« beaucoup, c'est plus qu'on ne demande et
« qu'on n'obtient dans la plupart des consti-
« tutions connues, où trois, quatre, cinq cent
« mille suffrages au plus expriment les volon-
« tés nationales. En effet, sur trente-six mil-
« lions d'individus, il y en a la moitié à écar-
« ter comme appartenant à un sexe qui n'a pas
« de droits politiques. Sur les dix-huit millions
« restant, il y a les vieillards, les enfants, qui
« réduisent à douze millions au plus la popu-
« lation mâle et valide d'un pays. C'est donc
« un nombre extraordinaire, si on songe aux
« hommes travaillant de leurs mains, la plu-
« part illettrés, sachant à peine sous quel gou-
« vernement ils vivent; c'est un nombre ex-

« traordinaire que celui de quatre millions
« d'habitants sur douze amenés à se former une
« opinion, et surtout à l'exprimer (1). »

Une commission du Sénat fut chargée de vérifier les registres des votes, et, le 3 août 1802, le Sénat tout entier apporta aux Tuileries le sénatus-consulte qui proclamait la volonté du peuple.

Le Premier Consul répondit en ces termes :

« La vie d'un citoyen est à sa patrie. Le
« peuple français veut que la mienne tout en-
« tière lui soit consacrée; j'obéis à sa volonté.

« Par mes efforts, par votre concours, ci-
« toyens sénateurs, par le concours de toutes
« les autorités, par la confiance et la volonté
« de cet immense peuple, la liberté, l'égalité,
« la prospérité de la France seront à l'abri des
« caprices du sort et de l'incertitude de l'ave-
« nir. Le meilleur des peuples sera le plus heu-
« reux, comme il est le plus digne de l'être,

---

(1) Thiers, *Histoire du Consulat et de l'Empire*, tome III, livre IV.

« et sa félicité contribuera à celle de l'Europe
« entière.

« Content alors d'avoir été appelé, par l'ordre
« de celui de qui tout émane, à ramener sur
« la terre l'ordre, la justice, l'égalité, j'enten-
« drai sonner la dernière heure sans regret et
« sans inquiétude sur l'opinion des générations
« futures. »

Donnons ici le relevé exact des suffrages qui furent recueillis à cette époque :

Votants	Acceptants.	Refusants.
3,577,259	3,568,185	9,074

A la majorité de plus de trois millions et demi de suffrages, le Premier Consul était nommé Consul à vie.

Deux ans s'étaient à peine écoulés, depuis la prorogation de l'autorité confiée au Premier Consul, que de toutes part l'hérédité de la suprême magistrature était réclamée comme une sauvegarde contre les complots et les agitations ennemies. Des adresses, envoyées par de nombreux colléges électoraux et les conseils municipaux, demandaient le rétablissement de la monarchie.

Le 27 mars 1804, le Sénat appelle l'attention du Premier Consul sur la nécessité d'assurer la durée des institutions nouvelles. Le Premier Consul répond par un message daté de Saint-Cloud, 5 floréal an XII (25 avril 1804), d'où nous extrayons les passages suivants :

« Sénateurs,

« Vous avez jugé l'hérédité de la suprême
« magistrature nécessaire pour mettre le peuple
« français à l'abri des complots de nos enne-
« mis et des agitations qui naîtraient d'am-
« bitions rivales. Plusieurs de nos institutions
« nous ont, en même temps, paru devoir être
« perfectionnées pour assurer, sans retour, le
« triomphe de l'égalité et de la liberté
« publique, et offrir à la nation et au gouver-
« nement la double garantie dont ils ont
« besoin. . . . .

. . . .

« Je vous invite donc à me faire connaître
« votre pensée tout entière. Le peuple français
« n'a rien à ajouter aux honneurs et à la
« gloire dont il m'a environné ; mais le devoir
« le plus sacré pour moi, comme le plus cher à

« mon cœur, est d'assurer à ses enfants les
« avantages qu'ils ont acquis par cette Révo-
« lution qui lui a tant coûté, surtout par le
« sacrifice de ce million de braves morts pour
« la défense de ses droits. . . . .
. . . . »

Le Sénat avait le droit de changer le titre de Consul en celui d'Empereur, la modification était purement de forme, puisque le général Bonaparte était Consul à vie de par la volonté nationale; mais ce qui dépassait sa prérogative, ce qui ne pouvait être légalement fait que par un nouveau plébiscite, c'était de déclarer le pouvoir héréditaire.

Sur le vœu du Tribunat, une commission de sénateurs, à laquelle s'étaient adjoints les ministres et les Consuls, prépare le sénatus-consulte qui proclame Napoléon Bonaparte Empereur et soumet à la nation la question d'hérédité de la dignité impériale. Le Sénat l'adopte et porte cet acte à Saint-Cloud. A cette occasion le Premier Consul prononce ces paroles :

« Tout ce qui peut contribuer au bien de la
« patrie est essentiellement lié à mon bonheur.

« J'accepte le titre que vous croyez utile à la
« gloire de la nation.

« Je soumets à la sanction du peuple la loi
« de l'hérédité. J'espère que la France ne se re-
« pentira jamais des honneurs dont elle envi-
« ronnera ma famille. Dans tous les cas, mon
« esprit ne serait plus avec ma postérité le jour
« où elle cesserait de mériter l'amour et la
« confiance de la grande nation. »

Le sénatus-consulte du 28 floréal au XII
(18 mai 1804) présentait à l'assentiment du
peuple la proposition suivante :

« Le peuple veut l'hérédité de la dignité im-
« périale dans la descendance directe, natu-
« relle, légitime et adoptive de Napoléon Bo-
« naparte, et dans la descendance directe, na-
« turelle et légitime de Joseph Bonaparte et de
« Louis Bonaparte, ainsi qu'il est réglé par le
« sénatus-consulte de ce jour. »

Les registres sur lesquels les Français furent
appelé à consigner leurs vœux restèrent ouverts pendant douze jours (1).

---

(1) Décret 29 floréal an XII.

A propos de ce troisième plébiscite, empruntons encore quelques lignes à M. Thiers :

« Les suffrages affirmatifs se comptaient
« par millions, et à peine quelques suffrages
« négatifs, fort rares, placés là attestant la li-
« berté dont chacun jouissait, se faisaient-ils
« apercevoir dans la masse immense des votes
« favorables » (1).

Voici le résultat des votes émis :

Votants.	Acceptants.	Refusants.
3,524,254	3,521,675	2.579

A la majorité de plus de trois millions et demi de suffrages, la dignité impériale était déclarée héréditaire dans la famille de Napoléon Bonaparte.

Le 1er décembre 1804, le Sénat se rendit à Saint-Cloud, apportant à Napoléon le résultat du vote populaire. Le nouvel Empereur répondit par le discours qu'on va lire :

« Je monte au trône où m'ont appelé le vœu
« unanime du Sénat, du peuple et de l'armée,

---

(1) Thiers. *Histoire du Consulat et de l'Empire.*

« le cœur plein du sentiment des grandes des-
« tinées de ce peuple que, du milieu des
« camps, j'ai le premier salué du nom de
« grand.

« Depuis mon adolescence, mes pensées tout
« entières lui sont dévolues ; et, je dois le dire
« ici, mes plaisirs et mes peines ne se com-
« posent plus aujourd'hui que du bonheur ou
« du malheur de mon peuple.

« Mes descendants conserveront longtemps
« ce trône. Dans les camps ils seront les pre-
« miers soldats de l'armée, sacrifiant leur vie
« pour la défense de leur pays.

« Magistrats, ils ne perdront jamais de vue
« que le mépris des lois et l'ébranlement de
« l'ordre social ne sont que le résultat de la
« faiblesse et de l'incertitude des princes.

« Vous, Sénateurs, dont les conseils et
« l'appui ne m'ont jamais manqué dans les
« circonstances les plus difficiles, votre esprit
« se transmettra à vos successeurs. Soyez tou-
« jours les soutiens et les premiers conseillers
« de ce trône, si nécessaire au bonheur de ce
« vaste Empire. »

Nous venons de passer rapidement en revue

les différents événements qui ont amené, par trois fois, la nation française à donner un éclatant témoignage d'amour et de confiance à Napoléon Bonaparte. Il ne nous appartient pas ici d'entrer dans des considérations sur les événements qui ont précipité la chute du premier Empire.

Depuis Alexandre et César, jamais homme ne s'est élevé si haut et n'eut le droit d'être plus avide des regards de la postérité.

Cinquante ans se sont écoulés. L'Empire a été renversé par l'étranger, la Restauration et le gouvernement de Juillet l'ont été par le peuple ; la France est de nouveau dans l'anarchie, la République est installée à Paris, et l'héritier de Napoléon, celui que le sénatus-consulte de floréal an XII appelait au trône, est en exil.

Les suffrages du pays vont l'y trouver. Le prince Louis-Napoléon est nommé représentant du peuple par quatre départements : la Charente-Inférieure, l'Yonne, la Seine et la Corse. Il décline le mandat qui lui est offert et reste sur la terre étrangère. Mais son nom reparaît avec une nouvelle insistance dans toutes les élections partielles, et, pour la deuxième fois, les quatre départements qui l'avaient élu, s'augmentant du département de la Meuse, l'appellent à faire partie de l'Assemblée nationale.

Le prince rentre alors en France et adresse à ses concitoyens un manifeste où il leur dit : « Pour me rappeler de l'exil, vous m'avez « nommé représentant du peuple. A la veille « d'élire le premier magistrat de la République, « mon nom se présente à vous comme un sym- « bole d'ordre et de sécurité. »

Quelques mois plus tard, les élections pour la nomination du chef de l'Etat ont lieu, et, malgré toute la puissance d'un gouvernement établi, malgré tous les efforts d'une presse généralement hostile, le prince est élu président de la République par 5,587,759 suffrages.

Chacun se rappelle encore l'état des esprits à la fin de cette année de 1851. A cette époque, tandis que le pays, qui avait élu avec un si grand enthousiasme le prince Louis-Napoléon, ne demandait qu'à lui confier ses destinées et attendait de lui son salut, l'Assemblée législative, recrutée en majorité parmi les débris des anciens partis, donnait le spectacle d'une coalition passionnée conspirant hautement, dans de tumultueuses délibérations, contre le Président de la République. Entre deux pouvoirs sortis de l'élection, le peuple pouvait seul se prononcer. Le prince Louis-Napoléon fit un appel au peuple! Le 2 décembre 1851, il lui adressa une proclamation empreinte d'une mâle énergie. Exposant les dangers de la situation en présence d'une Chambre devenue « un foyer de complots », il fait appel à la confiance de la nation.

Le jour même où cette proclamation parut, le suffrage universel, restreint par la loi du 31 mai 1850, était rétabli dans son intégrité, et le peuple français, solennellement convoqué dans ses comices pour accepter ou rejeter un plébiscite ainsi formulé :

« Le peuple français veut le maintien de l'au-
« torité de Louis-Napoléon Bonaparte, et lui
« délègue les pouvoirs nécessaires pour faire
« une constitution sur les bases proposées dans
« sa proclamation du 2 décembre. »

Un décret disposa que le scrutin serait ouvert pendant les journées des 20 et 21 décembre dans le chef-lieu de chaque commune, depuis huit heures du matin jusqu'à quatre heures du soir, et que le suffrage aurait lieu au scrutin secret, par oui ou par non, au moyen d'un bulletin manuscrit ou imprimé. Le résultat du scrutin fut le suivant :

Votants.	8,151,689
Oui	7,473,431
Non	641,351
Bulletins nuls	36,907

A la majorité de près de sept millions et demi de suffrages, le Président de la République était prorogé pour dix ans dans ses pouvoirs.

Le 31 décembre, la commission consultative, instituée pour procéder au dépouillement des votes, porta à l'Élysée le procès-verbal de ses opérations.

A cette occasion, le Prince-Président prononça le discours suivant :

« Messieurs,

La France a répondu à l'appel loyal que je « lui avais fait. Elle a compris que je n'étais

« sorti de la légalité que pour rentrer dans le
« droit. Plus de sept millions de suffrages vien-
« nent de m'absoudre en justifiant un acte qui
« n'avait d'autre but que d'épargner à notre
« patrie, et à l'Europe peut-être, des années
« de troubles et de malheurs.

« Je vous remercie d'avoir constaté officiel-
« lement combien cette manifestation était na-
« tionale et spontanée.

« Si je me félicite de cette immense adhé-
« sion, ce n'est pas par orgueil, mais parce
« qu'elle me donne la force de parler et d'agir
« ainsi qu'il convient au chef d'une grande
« nation comme la nôtre.

« Je comprends toute la grandeur de ma
« mission nouvelle, je ne m'abuse pas sur ses
« graves difficultés. Mais avec un cœur droit,
« avec le concours de tous les hommes de bien
« qui, ainsi que vous, m'éclaireront de leurs
« lumières et me soutiendront de leur patrio-
« tisme, avec le dévouement éprouvé de notre
« vaillante armée, enfin avec cette protection
« que demain je prierai solennellement le ciel
« de m'accorder encore, j'espère me rendre
« digne de la confiance que le peuple continue

« de mettre en moi. J'espère assurer les desti-
« nées de la France en fondant des institutions
« qui répondent à la fois et aux instincts dé-
« mocratiques de la nation et à ce désir exprimé
« universellement d'avoir désormais un pou-
« voir fort et respecté. En effet, donner satis-
« faction aux exigences du moment en créant
« un système qui reconstitue l'autorité sans
« blesser l'égalité, sans fermer aucune voie
« d'amélioration, c'est jeter les véritables bases
« du seul édifice capable de supporter plus tard
« une liberté sage et bienfaisante. »

Le prince Louis-Napoléon avait accepté la prorogation de ses pouvoirs comme président de la République; fort de l'assentiment populaire, il espérait que dix années d'autorité ferme et libérale lui suffiraient pour réparer les ruines qui avaient été faites et restaurer l'ordre dans la société. Mais la France ne voulait point d'une telle instabilité dans ses institutions; le sentiment monarchique se réveilla en elle avec une irrésistible violence. Au milieu des ovations qu'il recevait sur son passage en allant visiter les départements, le prince Louis-Napoléon recueillait partout le désir de voir rétablir l'Empire. Tous les conseils généraux envoyaient des adresses exprimant le même vœu. Un mémorable discours fut prononcé par le Prince à Bordeaux, ce discours, vrai programme politique, eut un immense et mérité retentissement.

De retour à Saint-Cloud, le Prince Président adressa au Sénat le message suivons :

« Palais de Saint-Cloud, 4 novembre 1853.

» Messieurs les sénateurs,

« La nation vient de manifester hautement
« la volonté de rétablir l'Empire. Confiant dans
« votre patriotisme et vos lumières, je vous ai
« convoqué pour délibérer légalement sur
« cette grave question et vous remettre le soin
« de régler le nouvel ordre de choses. Si vous
« l'adoptez, vous penserez sans doute comme
« moi que la Constitution de 1852 doit être
« maintenue, et alors les modifications recon-
» nues indispensables ne toucheront en rien
« aux bases fondamentales.

« Le changement qui se prépare portera

» principalement sur la forme ; et cependant
« reprendre le symbole impérial est pour la
« France d'une immense signification. En effet,
« dans le rétablissement de l'Empire, le peu-
« ple trouve une garantie à ses intérêts et une
« satisfaction à son juste orgueil : ce rétablis-
« sement garantit ses intérêts en assurant l'a-
« venir, en fermant l'ère des révolutions, en
« consacrant encore les conquêtes de 89. Il
« satisfait son juste orgueil, parce que, rele-
« vant avec liberté et avec réflexion ce que,
« il y a trente-sept ans, l'Europe entière avait
« renversé par la force des armes au milieu
« des désastres de la patrie, le peuple venge
« noblement ses revers sans faire de victimes,
« sans menacer aucune indépendance, sans
« troubler la paix du monde.

« Je ne me dissimule pas néanmoins tout
« ce qu'il y a de redoutable à accepter aujour-
« d'hui et à mettre sur sa tête la couronne de
« Napoléon ; mais ces appréhensions diminuent
« par la pensée que, représentant à tant de
« titres la cause du peuple et la volonté natio-
« nale, ce sera la nation qui, en m'élevant au
« trône, se couronnera elle-même. »

Le 10 novembre, il fut statué par un sénatus-consulte que la proposition suivante serait présentée à l'accèptation du peuple français dans les formes déterminées par les décrets des 2 et 4 décembre 1851 :

« Le peuple français veut le rétablissement
« de la dignité impériale dans la personne de
« Louis-Napoléon Bonaparte, avec hérédité
« dans sa descendance directe légitime ou
« adoptive, et lui donne le droit de régler
« l'ordre de succession au trône dans la famille
« Bonaparte, ainsi qu'il est prévu par le séna-
« tus-consulte du 7 novembre 1852. »

Le décret du 10 novembre 1852 soumit, d'après les règles déjà adoptées, le plébiscite à l'approbation du peuple.

Le Corps législatif fut alors invité à opérer le dépouillement du scrutin, par un message du Prince-Président, daté de Saint-Cloud, le 25 novembre 1852.

Voici le résultat du scrutin :

  Votants.......... 8,140,660
  Oui............ 7,824,189
  Non........... 253,145
  Bulletins nuls. . . . 63,326

A la majorité de 7,824,189 voix, le Prince-Président était nommé Empereur des Français.

Reproduisons ici le discours que Napoléon III adressa aux grands corps de l'État après le rétablissement de l'Empire :

« Palais de Saint-Cloud, le 1er décembre 1852.

« Messieurs,

« Le nouveau règne que vous inaugurez
« aujourd'hui n'a pas pour origine, comme
« tant d'autres dans l'histoire, la violence,
« la conquête ou la ruse. Il est, vous venez
« de le déclarer, le résultat légal de la vo-
« lonté de tout un peuple, qui consolide, au
« milieu du calme, ce qu'il avait fondé au
« sein des agitations. Je suis pénétré de recon-
« naissance envers la nation, qui, *trois fois*
« *en quatre années, m'a soutenu de ses suf-*
« *frages, et chaque fois n'a augmenté sa ma-*
« *jorité que pour accroître mon pouvoir.*

« Mais plus le pouvoir gagne en étendue et
« en force vitale, plus il a besoin d'hommes
« éclairés comme ceux qui m'entourent chaque
« jour, d'hommes indépendants comme ceux

« auxquels je m'adresse, pour m'aider de leurs
« conseils, pour ramener mon autorité dans de
« justes limites, si elle pouvait s'en écarter
« jamais.

« Je prends dès aujourd'hui, avec la cou-
« ronne, le nom de Napoléon III, parce que la
« logique du peuple me l'a déjà donné dans
« ses acclamations, parce que le Sénat l'a pro-
« posé légalement, et parce que la nation
« entière l'a ratifié.

« Est-ce à dire, cependant, qu'en acceptant
« ce titre je tombe dans l'erreur reprochée au
« prince qui, revenant de l'exil, déclara nul
« et non avenu tout ce qui s'était fait en son
« absence? Loin de moi un semblable égare-
« ment! Non-seulement je reconnais les gou-
« vernements qui m'ont précédé, mais j'hérite
« en quelque sorte de ce qu'ils ont fait de bien
« ou de mal; car les gouvernements qui se
« succèdent sont, malgré leur origine diffé-
« rente, solidaires de leurs devanciers. Mais,
« plus j'accepte tout ce que depuis cinquante ans
« l'histoire nous transmet avec son inflexible
« autorité, moins il m'était permis de passer
« sous silence le règne glorieux du Chef de

« ma famille, et le titre régulier, quoique éphé-
« mère, de son fils, que les Chambres pro-
« clamèrent dans le dernier élan du patrio-
« tisme vaincu. Ainsi donc, le titre de Napo-
« léon III n'est pas une de ces prétentions
« dynastiques et surannées qui semblent une
« insulte au bon sens et à la vérité ; c'est un
« hommage rendu à un gouvernement qui
« fut légitime, et auquel nous devons les plus
« belles pages de notre histoire moderne. Mon
« règne ne date pas de 1815, il date de ce
« moment même où vous venez de me faire
« connaître les suffrages de la nation.

« Recevez donc mes remerciements, mes-
« sieurs les députés, pour l'éclat que vous don-
« nez à la manifestation de la volonté natio-
« nale, en la rendant plus évidente par votre
« contrôle, plus imposante par votre déclara-
« tion. Je vous remercie aussi, messieurs les
« Sénateurs, d'avoir voulu être les premiers
« à m'adresser vos félicitations, comme vous
« avez été les premiers à formuler le vœu
« populaire.

« Aidez-moi tous à asseoir sur cette terre
« bouleversée par tant de révolutions un gou-

« vernement stable qui ait pour bases la reli-
« gion, la justice, la probité, l'amour des
« classes souffrantes.

« Recevez ici le serment que rien ne me
« coûtera pour assurer la prospérité de la
« patrie, et que, tout en maintenant la paix,
« je ne céderai rien de tout ce qui touche à
« l'honneur et à la dignité de la France. »

En 1848, l'opposition à l'élection présiden-
tielle avait été de 1,918,841 voix ; au 20 novembre 1851, elle n'était plus que de 641,315
voix, et pour la création de l'Empire, elle se
trouvait réduite à 253,145 voix.

Après un règne de dix-huit années, Napoléon III, dont le pouvoir ne pouvait être con-
testé, était cependant le point de mire de la
démagogie qui, chaque jour, relevait la tête
avec plus d'audace.

Jugeant, avec raison, que la partie saine de
la nation avait dû apprécier les grandes choses
accomplies sous son règne et rendu justice aux
bonnes intentions qui l'avait guidé dans tous
ses actes de souverain, l'Empereur résolut de

faire approuver sa conduite par le peuple et convoqua le pays à un nouveau plébiscite.

Il posa loyalement la question :

« Le peuple approuve les réformes libérales
« opérées dans la Constitution, depuis 1860,
« par l'Empereur, avec le concours des grands
« corps de l'État, et ratifie le sénatus-consulte
« du 20 avril 1870. »

Telle est la question sur laquelle fut appelé à se prononcer, par OUI ou par NON, le peuple français, convoqué dans ses comices le dimanche 8 mai 1870.

A cette occasion, l'Empereur adressa la proclamation suivante au peuple :

« Français,

« La Constitution de 1852, rédigée en vertu
« des pouvoirs que vous m'aviez donnés et rati-
« fiée par les 8 millions de suffrages qui ont
« rétabli l'Empire, a procuré à la France dix-
« huit années de calme et de prospérité, qui
» n'ont pas été sans gloire ; elle a assuré l'or-
« dre et laissé la voie ouverte à toutes les

« améliorations. Aussi, plus la sécurité s'est
« raffermie, plus il a été fait une large part à
« la liberté.

« Mais des changements successifs ont altéré
« les bases plébiscitaires, qui ne pouvaient être
« modifiées sans un appel à la nation. Il de-
« vient donc indispensable que le nouveau
« pacte constitutionnel soit approuvé par le
« peuple, comme l'ont été jadis les Constitu-
« tions de la République et de l'Empire. A ces
« deux époques, on croyait, ainsi que je le
« crois moi-même aujourd'hui, que tout ce qui
« se fait sans vous est illégitime.

« La Constitution de la France impériale et
« démocratique, réduite à un petit nombre de
« dispositions fondamentales qui ne peuvent
« être changées sans votre assentiment, aura
« l'avantage de rendre définitif les progrès
« accomplis et de mettre à l'abri des fluctua-
« tions les principes du Gouvernement. Le
« temps perdu, trop souvent, en controverses
« stériles et passionnées pourra être plus uti-
« lement employé désormais à la recherche
« des moyens d'accroître le bien-être moral et
« matériel du plus grand nombre.

« Je m'adresse à vous tous qui, dès le 10 dé-
« cembre 1848, avez surmonté tous les obsta-
« cles pour me placer à votre tête, à vous, qui,
« depuis vingt-deux ans, m'avez sans cesse
« grandi par vos suffrages, soutenu par votre
« concours, récompensé par votre affection.
« Donnez-moi une nouvelle preuve de votre
« confiance. En apportant au scrutin un vote
« affirmatif, vous conjurerez les menaces de
« la révolution, vous assoierez sur une base
« solide l'ordre et la liberté, et vous rendrez
« plus facile, dans l'avenir, la transmission
« de la couronne à mon fils.

« Vous avez été presque unanimes, il y a
« dix-huit ans, pour me conférer les pouvoirs
« les plus étendus; soyez aussi nombreux au-
« jourd'hui pour adhérer à la transformation
« du régime impérial. Une grande nation ne
« saurait atteindre tout son développement
« sans s'appuyer sur des institutions qui ga-
« rantissent à la fois la stabilité et le progrès.

« A la demande que je vous adresse de rati-
« fier les réformes libérales réalisées dans ces
« dix dernières années, répondez OUI. Quant
« à moi, fidèle à mon origine, je me pénétre-

« rai de votre pensée, je me fortifierai de votre
« volonté, et, confiant dans la Providence, je
« ne cesserai de travailler sans relâche à la
« prospérité et à la grandeur de la France.

« NAPOLÉON.

« Palais des Tuileries, 23 avril 1870. »

A l'appel si loyal de son Empereur, la France répondit le 8 mai suivant par

7,350,142 OUI.

Tels sont les titres de la Dynastie impériale.
Des plumes plus autorisées que la nôtre ont déjà retracé d'autres titres non moins valables à la reconnaissance de la nation (1).

Ce que nous voulons seulement établir, c'est que chaque fois qu'un Napoléon a demandé au

---

(1) Lire l'intéressante brochure *Les bienfaits de l'Empire*, par A. BRADIER, ouvrier typographe. — Librairie Lachaud et Burdin, 4, place du Théâtre-Français.

peuple sa confiance, le peuple la lui a donnée.

C'est que le peuple sait où sont ses véritables intérêts ; c'est qu'il se rappelle que le règne de Napoléon III surtout lui a valu la gloire, la prospérité et le bien-être.

Vienne le jour d'un nouveau plébiscite, il dira ce qu'il veut.

EDOUARD GUILLEMIN.

www.ingramcontent.com/pod-product-compliance
Lightning Source LLC
Chambersburg PA
CBHW060909050426
42453CB00010B/1613